AF561245

青少年
亲子教育课程
the parenting teenagers course

给育有11至18岁
孩子的父母

> 来宾手册
Guest Manual

青少年亲子教育课程— 来宾手册（简体版）
The Parenting Teenagers Course - Guest Manual
(Simplified Chinese version)

出版者 Published by AAP Publishing Pte Ltd
版权所有 © Alpha International 2011

在未经版权持有者或经特别授权之代理的书面许可下，任何人士不得以任何形式或任何媒介、不论电子或机械形式、包括复印、录音或任何资讯储存和检索系统的方式复制或传输本手册的任何部分或任何其它启发国际的出版物。
No part of this manual or any other Alpha International publication may be reproduced or transmitted in any form or by any means, electronic or mechanical, including photocopy, recording or any information storage and retrieval system, without permission in writing from the copyright holder or the expressly authorised agent thereof.
All rights reserved.

圣经经文取自新标点和合本 (The Holy Bible, Chinese Union Version with New Punctuation) 蒙允使用，版权所有 © 联合圣经公会1988, 1989, 1996.

ISBN: 978-981-07-5930-8

目　录

本手册是专为配合青少年亲子教育课程DVD或现场讲课而设计的，如欲了解如何参加课程或举办课程，请看第78页。

致 谢

由衷感谢以下协助与鼓励我们制作青少年亲子教育课程的人士：

罗伯·帕森斯（Rob Parsons），谢谢你的著作与演讲所给予的灵感、实例和故事。

罗斯·甘伯（Ross Campbell），感谢你书中的真知灼见，尤其有关管理怒气方面。

盖瑞·巧门（Gary Chapman），谢谢你的五种爱之语的观念，不但帮助了我们，也帮助了许多父母。

李力奇与李希拉
Nicky and Sila Lee

本书所采用有版权的材料经作者和出版社全力连络，并一一蒙允，谨在此致谢，如有任何不经意的遗漏，我们要向相关人士致歉，并保证必在将来所有版本中确保应有的版权声明。

本书第15页的作业练习摘自沃尔特·穆勒（Walt Mueller）所著《了解今天的青少年文化》（*Understanding Today's Youth Culture*, Tyndale House Publishers, 1994），蒙允转载。

第23页的表格摘自提姆·史密斯（Tim Smith）所著《酷爸酷妈》（*Almost Cool*, Moody Publishers, 1997），蒙允转载。

第32页的图表摘自苏·帕嫚（Sue Palmer）所著《有毒童年》（*Toxic Childhood*, Orion Books, 2006），蒙允转载。

第63页的安全上网聪明守则（SMART）版权所有 © Childnet International 2002-2011，蒙允转载。网址：**childnet.com**

第70-72页的“面对挑战”作业练习摘自奎因夫妇（Michael and Terri Quinn）所著《为人父母能做什么？》（*What Can a Parent Do?*, Family Caring Trust, 1986），蒙允转载。

上集 了解过渡时期

课程目标

- 强化你们与青少年子女的关系

课程内容

课程原则

- 比较是无益的：每个家庭都是独一无二的，每对父母都有自己的教养风格
- 掌握教养青少年的大原则
- 与其它父母讨论的价值

进入新的阶段，教养方式需要调整

1. 需要调整

- 青少年阶段是一个过渡时期
- 他们在改变，我们教养的方式也需要改变
- 青春期的起始
- 荷尔蒙变化的影响
- 青少年不但需要引导与界线，也需要了解与接纳

2. 了解压力

- 青少年所面对的压力
  - 消费者社会
  - 成就的期待
  - 想要符合他们的同侪团体
- 家有青少年的父母所面对的压力
  - 快速的生活节奏
  - 情感能量的要求

3. 记住长远的目标

- 与我们的青少年子女维持并建立良好的关系
- 帮助他们成为成熟、负责任的成人
- 培养他们的品格，帮助他们学习好的价值观

5和10周课程使用

练习

培养品格

最终你希望能培养出具备什么样品格的孩子？请具体写下来（例如：诚实、自制力、尊重权柄、信实、负责任）。

1. ______

2. ______

3. ______

4. ______

你如何帮助青少年子女培养出这些品格？

1. ______

2. ______

3. ______

4. ______

写好后，与他人（一或两位）讨论。

10周课程使用

小组讨论

1. 你认为此刻你家青少年子女所面对最大的压力是什么？

2. 你所面对的最主要压力又是什么？

3. 什么事对你与青少年子女建立良好关系有帮助？

4. 你如何帮助青少年子女培养上述练习中所列的品格？请举其中一项品格来说明你目前的做法。

家庭作业— 完成第15页的**练习 1**

下集 建立稳固的关系

家庭的角色

- 家庭对青少年仍然很重要
- 家庭环境所呈现出的就是家庭生活的状况

1. 让家成为安全和接纳的地方

- 青少年子女将面对各种风暴：失望、失败、拒绝，我们的家可以成为他们的避难所
- 当他们受伤害的时候，需要我们安慰，平抚他们的心情
- 具体作法就是容许并倾听他们说出心里话
- 要与青少年子女有效沟通，需要时间
- 和青少年子女讨论甚至辩论，效果都胜过单单训话和批评他们

2. 让家成为学习良好价值观的地方

- 教养青少年，身教的影响大于言教
- 学习作诚实、慷慨、好客的人；学习处理怒气、解决冲突、道歉与原谅
- “有其父必有其子”、“有其母必有其女”——青少年从父母身上学到的，远多过从其它人，所以我们要具有值得学习之处

3. 让家成为好玩的地方

- 作父母的我们可能需要放轻松一点
- 青少年喜欢待在好玩的地方
- 他们能带朋友回家吗？想想如何在你们家创造一个青少年友善的空间
- 轻松的家人共餐时间
- 一起欢笑
- 全家渡假的价值

4. 让家成为学习人际关系的地方

- 青少年通过观察成人的关系，来学习互动
- 夫妻若共同教养，一定要经营好彼此的关系（请考虑参加“美满婚姻课程”）
- 若是单亲教养，请尽可能与前任配偶建立好的关系（若对方仍有连络的话）
- 和其它成人培养友谊
- 一起用餐— 让青少年学习讲话、倾听、讨论事情，以及尊重他人观点。
- 定期安排家庭时间— 全家人一起玩得开心，有助于建立亲子关系和手足关系（不妨每周有一晚订为“家庭之夜”）。

5周课程使用

小组讨论

1. 你认为你家青少年子女此时所面对的最大压力是什么?

2. 你所面对的最主要压力又是什么?

3. 你如何协助与支持你的青少年子女?

4. 你们家有固定的家庭时间吗?

5. 你们全家最成功的一次渡假是什么样的?

家庭作业— 完成第15-17页的**练习1**和**2**

10周课程使用

小组讨论

1. 你能如何协助支持你的青少年子女？

2. 你想要把哪些价值观传给下一代？

3. 你希望你们的家庭生活／你们的家能做什么改变？

4. 你们每天／每周有固定的家庭时间吗？

5. 你们全家最成功的一次渡假是什么样的？

家庭作业— 完成第16-17页的**练习 2**

家庭作业

练习 1（和你的青少年子女讨论）

问问你家青少年子女，以下哪件事对他（们）而言最重要：

1. 父母不会在他们面前吵架。
2. 父母对待家庭成员一视同仁。
3. 父母都诚实。
4. 父母能容忍他人。
5. 父母对他们带回家的朋友表示欢迎。
6. 父母能建立家庭的认同感。
7. 父母能回答他们的问题。
8. 必要的时候父母能实施处罚，但不要在别人面前，尤其不可当着他们朋友的面前。
9. 父母能留意到优点，而不是光看缺点。
10. 父母协调一致。
11. 父母不会对他们大吼大叫。
12. 父母不会给他们施加压力。
13. 父母会倾听他们说话。
14. 父母会花时间和他们在一起。

摘自沃尔特・穆勒《了解今天的青少年文化》
（Walt Mueller, Understanding Today's Youth Culture）

练习 2

你平均花多时间和你的青少年子女在一起？

1. 周间的早上你会见到他们吗？会／不会

   若会，见面时间多长？ ____________________

2. 周间的晚上你会见到他们吗？会／不会

   若会，见面时间多长？ ____________________

3. 周末的时候你会花时间和他们在一起吗？会／不会

   若会，周六在一起的时间有多长？ ____________________

   若会，周日在一起的时间有多长？ ____________________

4. 你们有全家在一起的时间吗？有／没有

   若有，多久一次？ ____________________

   每次在一起的时间有多长？ ____________________

5. 你会花时间和每个孩子单独在一起吗？会／不会

   若会，多久一次？ ____________________

   每一次的时间有多长？ ____________________

练习 2（续前）

6. 如果你想改变你们家的例行常规，请把你想做的改变写下来。

周间：

______

______

______

周末：

______

______

______

复习

第一课：记住最终的目的

- 帮助青少年子女迈向成熟与独立
- 我们的家需要成为：
  - 安全的地方
  - 学习人生重要价值观的地方
  - 好玩的地方
  - 学习建立关系的地方
- 营造健康的家庭生活
  - 全家一起用餐
  - 家庭时间（一起玩得开心）
  - 全家渡假

讨论

- 第一课之中与你最切身相关的是什么？
- 自从上完课后你有没有安排“家庭时间”？

上集 五种爱之语

建立青少年的自信

- 青少年子女最大的需要就是，在他们人生的这段重要的过渡期中感到被爱、被接纳。这段过渡期间是：
  - 自我发现的时期
  - 推向独立的时期
  - 许多自我质疑的时期
  - 同侪压力

- 他们会经历许多的自我怀疑，感觉笨拙而不讨人喜欢
- 自信则来自于：
  - 安全感（知道他们深深被爱）
  - 自我价值（知道他们是有价值的人）
  - 意义感（知道他们活在世上是有目的）
- 设法保持他们的情感槽（emotional tank）满了爱：
  - 他们的行为表现就像指示器显示他们觉得被爱的程度
- 知道他们是被爱的且被接纳的，长期来看对他们大有好处：
  - 能帮助他们抗拒同侪压力
  - 为自己做出好的选择
  - 建立亲密关系的能力

发现青少年子女如何觉得被爱

- 发现每一个子女觉得被爱的主要方式：
  - 时间
  - 言语
  - 肢体的接触
  - 礼物
  - 行动

  （《爱语秘笈— 与新一代沟通5式》盖瑞・巧门着）
- 随着孩子成长为青少年，其主要的“爱语”也可能改变

1. 一对一的时间

- 给予孩子全部的注意力十分重要
- 陪他们做某件事— 不一定要花很多钱
- 问他们最喜欢做什么事
- 不用把标准拉得太高— 只要抓住时机，例如出去吃披萨，一起遛狗，一起运动或看球赛，一起去看电影或听音乐会／演唱会
- 不妨每年挪出一段较长的时间单独与每一名子女在一起

2. 肯定的言词

- 我们对青少年子女说的话，很可能陪伴他们一生。
- 告诉子女你爱他们、以他们为荣
- 肯定他们（不只是他们取悦你的时候；也不只是为他们的成就）
- 肯定他们的外表
- 说五句正面的话来抵消每一句负面的话
- 找出可以称赞的事情
- 充满爱的言词能建立孩子的自信，影响他们的态度
- 充满爱的言词可以用说的，也可以用写的。

3. 爱的肢体接触

- 肢体接触可能会让青少年难为情，但他们其实很渴望肢体接触
- 避免令他们尴尬
- 当孩子渐渐有自觉的时候，要找出合适的时刻与方式来维持肢体的接触。

4. 精心的礼物

- 用这种方式来表达我们无条件的爱— 不是看他们行为或表现好不好才送礼物
- 在生日、圣诞节或其它重要节日作为纪念
- 用礼物来祝贺优良表现，或在孩子遭遇困难时给予安慰
- 小礼物也能带来大影响
- 找出对每一个子女最特别的礼物

5. 服务的行动

- 定期为他们做一些事，以行动表示你对孩子的爱
- 找机会，额外为他们做些事
- 要小心别老是在救火— 这样他们就不能从错误中学到教训

- 逐渐增加青少年的责任
  – 不要样样事都替他们做
- 要提醒他们，当我们或别人为他们做事的时候要说谢谢。

5和10周课程使用

练习

五种爱之语的顺序

一对一的时间— 肯定的言词— 爱的肢体接触— 精心的礼物— 服务的行动

1. 对你自己和你的青少年子女而言，这五种爱的表达方式，哪一种最重要？请按重要性顺序排列：

你自己：

1. ______
2. ______
3. ______
4. ______
5. ______

孩子：

1. ______
2. ______
3. ______
4. ______
5. ______

孩子：（若不只一个孩子）

1. ______
2. ______
3. ______
4. ______
5. ______

孩子：（若不只一个孩子）

1. ______
2. ______
3. ______
4. ______
5. ______

（子女数如在三个以上，请照样列出顺序）

请翻页

练习（续前）

2. 在未来的这一周，你要如何运用以上清单来帮助自己教养子女？

把你想要采取的作法写下来，和一、两个人讨论。

10周课程使用

小组讨论

1. 在你成长过程中哪一种爱的表达方式对你而言最重要？

2. 你的父母曾用哪种方式向你表达过爱吗？请举一个实例。

3. 那次让你感觉如何？

4. 在这五种爱的表达方式中，哪一种是你最难向子女表达的？

家庭作业— 完成第28-29页的**练习 1**

下集 有效的沟通

调整我们沟通的方式

- 青少年时期的沟通并不简单
- 大多数父母的学习曲线
- 成人与青少年的沟通方式大不同

许多成年人的沟通方式	大多数青少年的沟通方式
用理性、逻辑，一次谈一个主题	意识流，不断变换主题
解决问题，得到结果，改变行为	花很长时间讲话，无意寻找解决方案
训话或说教，有时变得严厉而强烈	喜欢留下开放式的结论；不需要有“重点”；为了谈话而谈话并乐在其中
质问的口吻： “你有没有……？” “你是不是……？”等等	他们总在我们料想不到的时候开口谈，通常不能用命令的方式要他们讲
常引用大量经验来支持论点；容易坚持一个看法	常引用有限的经验来强调他们的论点；探索各种可能性
一定要知道整个情况，要晓得所有的细节	不大集中焦点；比较容易分心；专注于一件事的时间较短
一般都又催又赶，对于在短时间内达到成效有很高的期待	不能催赶，他们有自己一套时间表——往往是非常缓慢的

摘自提姆•史密斯《酷爸酷妈》（Tim Smith, *Almost Cool*）

- 如果让他们把觉得难以和我们沟通的事讲出来，那么当我们需要把难以跟他们沟通的事说出来时，他们会比较愿意听我们的
- 有时青少年喜欢唱反调（如果我们变得严厉而强烈，他们的反应也会很强烈，宛如要跟我们过不去一样）
- 给他们空间，尊重他们的隐私。不要企图控制他们生活的每个层面。不要期待他们会把每一件事都告诉你。

与青少年有效的沟通

1. 给时间

- 要表现出我们随时有空且愿意聆听，如此可帮助青少年说出内心感受。
- 当他们想谈谈的时候就要把握机会深入交谈——这不一定会在我们最方便的时间！
- 固定拨时间和他们聊聊

2. 学习倾听

- 把他们当小大人看（不要当小孩看），用心聆听他们的观点与感受。
- “与青少年子女沟通要有效，父母要学习跟子女谈话，而不是对他们说话……”～盖瑞・巧门《爱语秘笈》
- 愿意和他们讨论，甚至辩论事情，而不是同一句话反复地讲：“你年纪太小，还不能交男朋友”，“毒品很危险”之类的话

3. 给予全部注意力

- 留意重要的时刻而专心听孩子说话
- 不要一边忙别的事情一边听青少年说话
- 保持目光接触；留心观察青少年子女的肢体语言

4. 对青少年的世界表示兴趣

- 对他们感兴趣的事情提问问题，并聆听他们的回答。
- 把他们当独特的个体看待，他们有自己的一套观点和个人品味。

5. 听听他们的感受

- 容许他们表达负面情绪
- 不要贸然直接提出解决方法

6. 避免打岔

- 人平均只会聆听17秒
- 要抗拒为自己辩护的念头，也不要打岔和纠正

7. 复述孩子说的话

- 把你认为他们试图表达的复述一遍，尤其是关于他们的感受
- 使用一些他们自己的语句

8. 适当地响应

- 给予引导和肯定
- 他们很可能一辈子记住我们讲的话

9. 用长远的眼光来看

- 与青少年深入沟通有时真是个大挑战
- 沟通困难通常是由于他们正经历这个阶段
- 设法营造一个环境，让对话变得容易，例如：吃饭的时间、花时间陪孩子做他们喜欢的事、用他们的“爱语”
- 如果你觉得担忧，请寻求专业的协助或医疗的支持

5和10周课程使用

练习

复述

两人一组，用几分钟练习“复述”：

一人扮演青少年，有件事想跟父母讨论，另一人扮演父母。“青少年”告诉“父母”一件担心的事情，例如：对于未能加入球队或参加戏剧演出而感到失望；课业的问题；对某段友谊的担忧；对于参加派对万一有人拿毒品出来，不知道该如何应对而产生焦虑。

“父母”将事情复述一遍，尤其要复述刚才表达的感受。“青少年”再多谈一点，“父母”再次复述。如此让对话进行一、两分钟，然后角色交换。

5周课程使用

小组讨论

1. 在“复述”的练习中，被倾听的感觉如何？

____

____

2. 在倾听方面，哪一点对你而言最重要，或最困难？

____

____

3. 你和你的青少年子女（或即将进入青少年的子女）之间，在何时有过相谈甚欢的时刻？

____

____

4. 在你的青少年时期，五种爱的表达方式中哪一种对你最重要？

5. 你能不能回想一个特别的例子，当时你的父母用这种方式表达对你的爱？你的感受如何？

6. 五种爱的表达方式中，对你而言哪一种对最难向青少年子女表达？

家庭作业— 写完第28-30页的**练习1**和**2**

10周课程使用

小组讨论

1. 在“复述”的练习中，被倾听的感觉如何？

2. 目前你与青少年子女（或即将进入青少年）的沟通是容易还是困难？请说明。

请翻页 ⇨

小组讨论（续前）

3. 他们最有兴趣的话题是什么？

____

____

4. 在倾听方面，哪一点对你而言最重要或最困难？

____

____

5. 你和你家的青少年子女（或即将进入青少年的子女）之间，在何时有过相谈甚欢的时刻？

____

____

家庭作业— 请完成第29-30页的**练习 2**

家庭作业

练习 1

说肯定的话

给你的每一个孩子写出五项正面的特质：

孩子名字：______________

1. ______________
2. ______________
3. ______________

孩子名字：______________

1. ______________
2. ______________
3. ______________

4. ______________________　　4. ______________________

5. ______________________　　5. ______________________

孩子名字：______________　　孩子名字：______________

1. ______________________　　1. ______________________

2. ______________________　　2. ______________________

3. ______________________　　3. ______________________

4. ______________________　　4. ______________________

5. ______________________　　5. ______________________

找一个人分享你所写下的。

挑个好时机跟你的孩子（们）分享你所写的。

练习 2

安排一对一的时间

1. 把你孩子感兴趣的事情列出来：

孩子名字：______________　　孩子名字：______________

1. ______________________　　1. ______________________

2. ______________________　　2. ______________________

3. ______________________　　3. ______________________

4. ______________________　　4. ______________________

5. ______________________　　5. ______________________

请翻页 ⇨

练习 2（续前）

孩子名字： ______________________

1. ______________________
2. ______________________
3. ______________________
4. ______________________
5. ______________________

孩子名字： ______________________

1. ______________________
2. ______________________
3. ______________________
4. ______________________
5. ______________________

2. 在跟孩子一对一的相处时间中，你能做什么增进亲子关系的事情吗？然后把你能跟孩子一起从事这些活动的时间写下来。

孩子名字： ______________________

活动______________________

何时______________________

孩子名字： ______________________

活动______________________

何时______________________

孩子名字： ______________________

活动______________________

何时______________________

孩子名字： ______________________

活动______________________

何时______________________

3 为青少年立界线

第一课：记住最终的目的

- 帮助青少年子女迈向成熟与独立
- 我们的家需要成为安全的地方、学习人生重要价值观的地方、好玩的地方，以及学习建立关系的地方
- 营造健康的家庭生活，方式包括：全家一起用餐、家庭时间（一起玩得开心），以及全家去渡假。

第二课：满足青少年的需求

- 让我们的青少年觉得被爱和被接纳是非常重要的
- 五种表达爱的方式：
  - 优质的时间（一对一）
  - 肯定的言词
  - 爱的肢体接触
  - 精心的礼物
  - 服务的行动
- 每一个青少年都有一种（或不只一种）“爱之语”，特别能让他们觉得被爱，并常保他们的情感槽盈满
- 调整我们与青少年沟通的作风
- 倾听的重要性
- 倾听包含：
  - 给时间

– 给全部的注意力
– 对他们的世界表示兴趣
– 听他们的感受
– 不打岔
– 复述
– 适当地响应

讨论：

- 过去这一周你是否尝试过哪一种“爱之语”？若有，效果如何？
- 以上关于倾听的重点中，有没有哪一点让你和青少年子女的关系变得不一样？

上集 渐放手

导言

“你们作父亲的，不要惹儿女的气，只要照着主的教训和警戒养育他们。”

圣经

以弗所书6章4节

- 致力于“权柄”型教养风格，不要采取溺爱型、忽略型或独裁型教养风格
- 做法要既温柔又坚定
- 在爱的前提下订界线

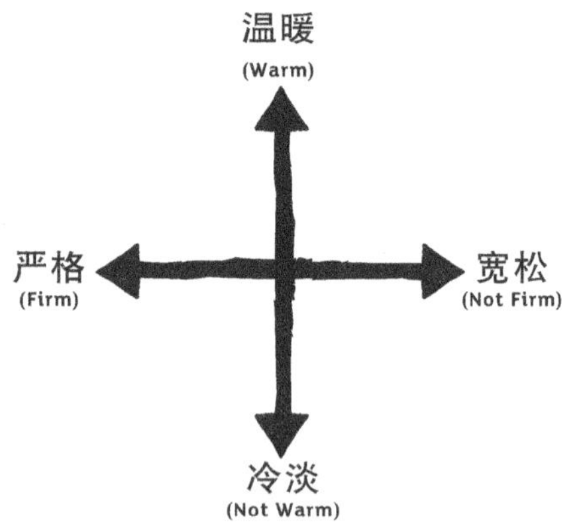

来源：《有毒童年》，作者苏·帕嫚

- 当孩子成长为青少年，我们已经不能像他们小时那样控制他们了。
- 他们成长的文化可能和我们成长的文化不一样
- 今天面对权柄者的态度已经和以前不一样了
- 许多父母对于订界线或运用权柄都没把握
- 界线对于青少年还是很重要的
  - 为了他们的安全和好处着想
  - 为了我们的家庭生活
  - 为了让他们迈向成熟
  - 青少年想要有界线
- 为青少年订界线很难
  - 往往并没有一个正确的、简单的答案
  - 我们必须逐渐给他们更多自由
  - 我们作父母的也会犯错
  - 我们很容易会自觉失败、愧疚、害怕
  - 父母自我质疑是常见的，但不要认为自己像在走钢索，你是在一条大道上，可以不断改进你的教养风格
  - 每一个青少年都不一样，有些比较难以订界线
  - 以既不会太严格也不会太宽松为努力目标
  - 关键在于前后一致

如何为青少年订界线

1. 记得我们跟孩子站在同一边

- 我们是在帮助青少年迈向成熟
- 将他们愈来愈渴望独立视为正常而健康的
- 需要逐渐交出控制权
- 没有固定的时间表，每个青少年的发展速度不同

2. 从外在界线发展成内在界线

- 从父母的控制变成孩子的自制
- 不要太严格—— 容许他们从错误中学习

3. 信任会培养出可靠的品格

- 逐渐加给他们责任，好让他们学习负责任

4. 给更多的空间

- 一开始要比较严格些，然后随着他们展现责任心而逐步增加他们的自由。

"从限制孩子到给孩子自由……这个过程并不容易，因为你得有勇气和决心严格执行，视你的青少年子女控制自己行为的能力，来决定他或她能有多少特权。没有不劳而获的事，你当站稳立场，抗拒让步的压力——这压力不仅来自你的孩子，也来自其它青少年、其它父母，甚至来自社会。"

《如何真正爱你十几岁的孩子》作者罗斯·康贝博士
（Dr Ross Campbell, *How to Really Love Your Teenager*）

- 先给了太多自由，后来却不得不收回，表示教养方向已偏差

5. 让他们自己作决定

- 在不会危害他们未来的事上，尽可能让孩子练习作决定。
- 在他们能表达个人偏好的事上，给他们选择的自由，例如：选衣服、房间的布置、发型、零用钱的使用。

5和10周课程使用

练习

运用权柄

1. 你是否因以下任何理由而犹豫该为孩子订界线吗？

- 害怕青少年子女的反应 ☐
- 怕你的孩子不再喜欢你 ☐
- 觉得无法进入他们的世界 ☐
- 本身成长过程被过度严格限制，以致现在不想给自己孩子限制 ☐
- 认为订不订界线不会有什么差别 ☐
- 相信青少年需要完全的自由 ☐
- 你自己的环境 ☐

其它原因

____

____

2. 你是否因以下任何原因而不愿增加孩子自由吗？

- 仍然想要掌控他们的生活 ☐
- 害怕孩子会犯错 ☐
- 想要控制他们交友的对象 ☐
- 不喜欢他们个人的偏好 ☐
- 害怕其它大人会怎么想 ☐
- 想要知道他们整天都在做些什么事 ☐
- 总认为他们不够负责任 ☐

其它原因

____

找一、两位讨论你所写下的原因。

10周课程使用

小组讨论

1. 在为你的青少年子女订界线时，什么是最难的？

2. 你是否在某些地方给孩子太多自由？

3. 你是否在某些地方太过严格？

4. 在这逐渐放手的过程中，哪一点对你很有帮助？

5. 你会让孩子自己做的决定有哪些？

家庭作业— 写完第41-42页的**练习 1**

下集 鼓励负责任

如何帮助青少年迈向独立

- 清楚说明我们的期待
- 逐步增加他们的责任，例如：早上自己起床；自己准备上学；上学该带的书本或体育用品自己要记得带
- 让他们承担自己犯错的后果
- 父母要渐渐从“掌控者”变成“顾问”

“父母面对两种选择，我们可以保持同一种模式不变（会把自己搞到想死），也可以领悟到随着孩子长大，我们的方式也必须改变。……虽然不容易，但我们的角色必须从掌控者转成顾问。顾问在做什么？就是问问题，提供意见，分享经验，给予提议，和预测结果。然而到最后关头，顾问就得退后一步，让客户自己作决定。顾问了解什么是他们能为客户做的，什么是不能做的，所以，是客户本身去经历过程和获得最终结果。”

丹尼尔 · 汉恩在《酷爸酷妈》，作者提姆 · 史密斯
（Daniel Hahn in Tim Smith, *Almost Cool*）

1. 别唠叨

- 唠叨会导致青少年充耳不闻、把你的话当耳边风
- 有时会使他们故意反其道而行

2. 规定越少越好

- 对真正重要的事说“不”，其它的事说“好”。
- 决定哪些事没得商量
  – 不管别人怎么想都不为所动。

- 可能的话，与其它父母在规定上取得共识，统一阵线

3. 确定你能解释这些限制

- 青少年对这些界线需要一个解释

> "导致青少年叛逆的并不是权柄的坚持，而是权力运用的独断独行，对于规定从不加以解释，作决定的过程也不让他们参与。"
>
> 罗伦斯·史丹柏格在《爱语秘笈》，作者盖瑞·巧门（Laurence Steinberg in Gary Chapman, *The Five Love Languages of Teenagers*）

4. 作好商量的准备

- 跟你的青少年讨论界线
- 要愿意倾听— 重视他们的意见
- 要准备好改变你的心意，有些妥协。
- 对于重要的界线要坚定不移

5. 订出适当的后果

- 订出当违反规定或信任被滥用时，会有什么后果
- 处罚方式不可太宽松也不可太严厉
- 花时间想想什么能教导他们有责任心
- 有时对孩子最有效的方式，是让他们经历行为的自然后果— 不要老是帮他们救火
- 有时候让孩子知道我们的失望，即足以使他们改变行为

结论

- 闹钟的小秘诀
- 记住最后的目的

5周课程使用

小组讨论

1. 你曾经教导青少年子女学习独立吗？你教导他们负起什么责任呢？

2. 你跟孩子商量过哪些界线吗？请举一个例子，商量后的结果如何？

3. 你是否曾必须对某件事要求更加严格？结果是什么？

4. 你发现哪些错误行为的后果，对学习负责很有效？

5. 你是否曾给他们机会去面对挑战／追求兴趣／探索／冒险前进？若有，你是否看到这些有助于他们越来越有责任心？

家庭作业— 完成第41-43页的**练习1**和**2**

10周课程使用

小组讨论

1. 你曾经教导青少年子女学习独立？你教导他们负起什么责任呢？

2. 你跟孩子商量过哪些界线吗？请举一个例子，商量后的结果如何？

3. 你是否曾必须对某件事更加严格？结果是什么？

4. 你发现哪些错误行为的后果，对学习负责很有效？

5. 你是否曾给他们机会去面对挑战／追求兴趣／探索／冒险前进？若有，你是否看到这些有助于他们越来越有责任心？

家庭作业— 完成第42-43页的**练习 2**

家庭作业

练习 1

分辨重要的事

填写以下的作业，看看你是否把最多的精力放在最重要的事上。

请依据左栏每一句叙述对你的重要性，在**第 I 栏**里写下 1, 2, 或 3（1 = 最重要的事；2 = 次要的事；3 = 最不重要的事）

然后依据你为儿女这方面的行为所付出的时间与精力，在**第 II 栏**里写下 1，2，或 3（1 = 最多时间与精力； 2 = 较少时间与精力； 3 = 最少时间与精力）

这两栏的数字是否相符？若有不符者，请扪心自问，在为青少年订界线上，真正最重要的事情是哪些？请诚实作答！

	I 事情的重要性	II 付出的时间与精力
1. 青少年的自制力		
2. 房间保持整洁		
3. 所有考试都拿最高分		
4. 手机话费帐单		
5. 对别人有礼貌、懂得体谅别人		
6. 衣着整齐（依照你的标准）		
7. 和具有正面价值观的人作朋友		
8. 谨守行为，不碰酒和毒品		
9. 进入顶尖校队／在全校音乐会上演奏		
10. 在他／她的身体任何部位穿洞		
11. 对他／她的朋友忠诚		
12. 进入他／她所选择的学校／专科／大学		
13. 在与异性交往上负责任		
14. 对手足和朋友慷慨大方		

请翻页

练习 1（续前）

	I 事情的重要性	II 付出的时间与精力
15. 刺青		
16. 要在规定时间内自己把作业完成		
17. 诚实		
18. 发型要照你所喜欢的样式		
19. 在与神的关系上有长进		
20. 对促进家庭和乐有所贡献		

练习 2

商量界线

请写下“没得商量”的界线，至多五项；例如：关于毒品的规定，诚实，学校作业，性行为

1. ____________________

2. ____________________

3. ____________________

4. ____________________

5. ____________________

作业 2（续前）

写下“可商量”的界线，至多五项；例如：就寝时间、派对、上社交网站的时间、看电视

1. ____________________

2. ____________________

3. ____________________

4. ____________________

5. ____________________

和你的青少年（或即将进入青少年）子女讨论以上的界线清单，逐条解释为什么“没得商量”或“可以商量”，然后仔细听他们的想法。

在其中一项“可商量”的界线中，商量出彼此都同意的结论，包含如果他们违反界线会有什么后果，要有折衷的心理准备。

复习

第一课：记住最终的目的

- 帮助青少年子女迈向成熟与独立
- 我们的家应当成为安全的地方、学习人生重要价值观的地方、好玩的地方，以及学习建立关系的地方
- 营造健康的家庭生活，方式包括：全家一起用餐、家庭时间（一起玩得开心），以及全家去渡假

第二课：满足青少年的需求

- 借由（一对一）时间、肯定的言词、爱的肢体接触、精心的礼物、服务的行动，向我们的青少年孩子表达爱
- 问自己每一个青少年子女需要哪一种“爱之语”，并常保他们的情感槽满盈
- 谨记倾听的重要性

第三课：为青少年立界线

- 记得我们要跟孩子站在同一边
- 逐渐放手
- 给孩子更多的独立
- 随着孩子慢慢成熟，我们的角色要从掌控者转成顾问
- 不要唠叨

- 规定越少越好
- 愿意跟孩子商量
- 对重要的界线坚定不移
- 一旦破坏信任或跨越界线时，订立有效惩戒

讨论

- 过去这星期你是否不得不订出什么界线?
- 结果如何?

上集 处理怒气（我们的和他们的）

导言

- 青少年岁月往往是情绪风暴期
- 父母必需学习处理自己的情绪
- 我们需要帮助青少年处理他们的情绪，包括：
  - 学习控制怒气
  - 知道如何解决冲突
  - 处理压力
- 了解每个孩子的性情和个性

了解怒气

- 生气本身并没有错
- 生气是我们不高兴时的自然反应
- 怒气可以用言语或行为来表达
- 我们都需要学习用建设性的方式来控制和管理怒气
- 孩子一般至少需要18年才能学会用成熟的方式表达怒气

- 对怒气的反应不当
  - 未加控制的怒气具有破坏力（犀牛型的行为）
  - 未表达／压抑的怒气是有害的（刺猬型的行为）

“犀牛型”的行为	“刺猬型”的行为
把怒气转为攻击	把怒气藏在心底
大吼大叫	试图忽视自己的感受
说出后悔莫及的话	酸溜溜的挖苦
失控	退缩并躲在穿不透的墙后面
口不择言乱骂人	变得冷漠而愤世嫉俗
怪罪其它的人	觉得紧张或害怕
变得一触即发，容易被激怒	想要逃离、躲起来
变得横行霸道、掌控一切	变得忧郁

“不可含怒到日落。”

圣经

以弗所书4章26节

- “转嫁”的怒气—把怒气出在别人身上，有时甚至会出现在多年以后
- 处理怒气必须从根源解决
- 一定要选择原谅伤害我们的人，无论是最近或很久以前的伤害
- 生气有神特定的目的，但时间不可过长

有效管理我们自己的怒气

1. 别反应过度

- 找出是什么导致你反应过度
- 是否因为HALT（你是不是饿了(Hungry)？焦虑(Anxious)？孤单(Lonely)？或累了(Tired)？）
- 找出能帮你按下“暂停键”的方式

2. 别伤人

- 不要给青少年子女贴标签
- 指出他们错误的行为，但万不可作人身攻击
- 给他们机会并相信他们能改变

3. 别退缩

- 毋需避免所有的意见分歧
- 有所冲突或有问题需要面对时，不要置之不理或埋藏心中
- 必要时与他人面质并表达你的感受

帮助青少年有效地运用怒气

- 既不鼓励攻击（犀牛型行为）也不鼓励压抑（刺猬型行为），而是鼓励他们表达令他们生气的原由
- 不要期待很快就看到成效—学习适当地表达怒气是一个缓慢的过程
- 当他们用不成熟的方式表达怒气时，要控制自己不准他们生气的冲动
- 试着不要用生气来回应孩子的生气
- 青少年往往用惹人生气的行为（“消极的攻击”行为）来表达怒气
- 容许他们用言语表达怒气
- 帮助他们在这学习的过程中能有节制地表达怒气
- 让你的家成为孩子可以表达负面感受的安全场所，包括表达悲伤与失望
- 找机会跟孩子讨论什么方式表达怒气是适当的；什么是不适当的

5和10周课程使用

练习

表达怒气

请看表格中犀牛型和刺猬型的行为叙述。

找出你自己和青少年孩子生气时的行为倾向是犀牛型，还是刺猬型。然后与一、两位互相讨论。

犀牛型行为 ⟷ 刺猬型行为

描述家中每一名成员生气时的典型行为。

名字	行为
______	______
______	______
______	______
______	______

10周课程使用

小组讨论

1. 你的行为比较像犀牛型还是刺猬型？

______

______

2. 什么能帮助你用比较建设性的方式表达怒气？

3. 你的青少年子女比较倾向犀牛型行为或刺猬型行为？

4. 你如何帮助青少年子女在生气的时候用讨论事情的方式，而不要采用“消极的攻击”行为？

5. 如何让我们的家成为一个可以表达负面情绪的安全场所？

家庭作业— 完成第55-56页的**练习 1**

下集 化解冲突与处理压力

化解冲突

- 界线可能会产生许多潜在的冲突
  - 青少年想要探索，父母想要保护
    他们想要跟朋友在一起，我们想要引导他们
  - 他们常觉得累，我们常担心
- 他们需要看到我们有效地化解冲突

化解冲突的六个原则

1. 找出问题所在

- 找出你们之间产生冲突的根本原因
- 设法找出他们是碰到什么状况以致情绪不佳
- 我们很容易因孩子情绪的不成熟而动怒，却不设法找出孩子生气的真正原因

2. 找最佳的时间和地点

- 在什么时间和地点亲子双方都能冷静地讨论事情?
- 好好的讨论而不要互相叫骂
- 要有足够的时间谈，不被打断
- 不妨约个时间
- 请你的孩子给你这段时间
- 一起出去吃个饭或散个步也会有帮助

3. 讨论而不要攻击

- 切勿妄下断语
- 事先仔细想好你要说的话
- 把焦点放在要谈的事情上，切莫离题
- 用"我"怎样的句子来表达你的感受，例如"当……我会很担心"，或"当……我感到很挫折"
- 聆听孩子的看法
- 把他们说的"复述"一遍（见第二课内容）
- 轮流把话说清楚

4. 如果自己错了，就要道歉

- 以身作则很重要，为我们犯的错道歉，也要原谅孩子犯的错

5. 讨论可能的解决之道

- 避免固执己见
- 和他们一起讨论比唠叨有效果

- 一起脑力激荡，为导致冲突的问题找出可能的解决方法
- 找到你和你的青少年都同意的解决方法
- 必要时提醒他们当初的协议

6. 保持开放的心胸
   - 对于没得商量的事情要坚守立场
   - 对于其它事情要有折衷的心理预备
   - 和青少年子女一起讨论事情、寻找解决之道的过程可拉近我们跟他们的距离

处理压力

管理我们自己的压力

- 想到必须成为“完美的父母”，会给我们制造焦虑，令我们招架不住
- 致力成为“还不错的父母”就可以了
- 必要时寻求专业的协助

如何帮助青少年子女管理他们的压力

- 生活中某种程度的压力是无可避免的
- 感觉没有人在背后支持，会给青少年带来不健康的压力

1. 帮助他们在成功与失败之间找到平衡
   - 让他们知道犯错和失败是人生的一部分——可以从中学习、成长、重新振作
   - 勿在他们身上加诸不切实际的期待
   - 要给予他们大量的鼓励
   - 不要光称赞结果，也要称赞他们的努力
   - 经常告诉他们你爱他们本身，而不是因为他们多有成就

2. 避免拿孩子跟手足或同侪比较

- 如果他们的才华不太明显，就要找其它的特质来称赞他们
- 鼓励他们作自己
- 支持他们追求自己的兴趣和热忱

3. 创造足够的空间让孩子能够放轻松

- 必要时，减少课外和社团活动
- 有些事情只是为了好玩而做，无需特别目的
- 可能的话，利用吃饭时间、周末和假日来放轻松
- 让他们看见我们的休息和放松

4. 跟孩子谈他们担心的事

- 制造谈话的机会
- 有些青少年需要比较长的时间才会透露他们心中的担忧，而且需要耐心引导她们说出心里的话
- 让他们说出负面的感受— 生气、焦虑、害怕、不安全感、失败感等等

更多关于处理怒气和管理压力，请看《亲子教育（暂译）》第4章

5周课程使用

小组讨论

1. 你的行为比较像“犀牛”还是“刺猬”？什么能帮助你用建设性的方式表达怒气？

2. 你的青少年子女是倾向于犀牛型行为，还是刺猬型行为？当他们生气时，你如何帮助他们用讨论的方式来处理事情？

3. 化解冲突的六项原则中（见50–51页），哪一项最引起你注意？

4. 从过去你和孩子的冲突中，有哪一次是你们一起成功化解冲突的呢？

5. 在你们家允许表达负面的感受吗？什么方式能帮助你的青少年子女表达他们的担心、惧怕和焦虑？

家庭作业— 完成第55-59页的**练习1–3**

10周课程使用

小组讨论

1. 化解冲突的六项原则中（见50–51页），哪一项最引起你注意？

2. 你和青少年子女讨论导致冲突的事情的最佳时间和地点为何？

3. 从过去你和青少年子女的冲突中，有哪一次是你们一起成功化解冲突的呢？

4. 在你们家允许表达负面的感受吗？什么方式能帮助你的青少年子女表达他们的担心、惧怕和焦虑？

5. 在你们家可以容许失败吗？

家庭作业— 完成第57-59页的**练习2**和**3**

家庭作业 

练习 1

有效地表达怒气

找出你想要改变的“自然反应”，以及你可以怎样改正。

无益的反应 ☑ 你有以下情况	要改变的地方 ☑ 你想要改变的
☐ 反应过度	☐ 按“暂停键”，例如：走出房间或默数到10
☐ 妄下断语	☐ 先听完整个情况再回答
☐ 对孩子大吼大叫	☐ 改变说话的口气
☐ 对孩子唠唠叨叨	☐ 问孩子能不能挪出时间坐下来讨论这个导致冲突的情况
☐ 不惜一切代价维持和平	☐ 在重要的界线上和孩子有所商量
☐ 强迫孩子闭嘴	☐ 当孩子表达负面的想法与感受时，倾听并复述
☐ 当孩子跨越界线时未能执行后果	☐ 有勇气面对青少年的怒气并划定界线
☐ 变得冷漠而冷嘲热讽	☐ 听孩子的看法 ☐ 用“我”怎样的句子来表达你的感受，例如“当……我会很担心”，或“当……我会很挫折”
☐ 把棘手的情况留给配偶处理	☐ 和配偶一起订界线并执行后果
☐ 收回感情	☐ 投入并引导孩子把想法和感受说出来 ☐ 问开放式的问题，亦即不能仅回答“是”或“不是”的问题

请翻页 ⇨

练习 1（续前）

无益的反应 ☑ 你有以下情况	要改变的地方 ☑ 你想要改变的
☐ 不准孩子表达强烈的感受	☐ 鼓励孩子适当地表达负面感受，如受伤、悲哀、失望、生气、难堪
☐ 变得对孩子多所批评	☐ 每天都给孩子鼓励
☐ 避免跟孩子在一起	☐ 花时间跟孩子在一起

找出你已经做的一个改变：

____

从你打勾的项目中选择三项，并决定你可以从何时开始改变。

改变	何时开始
1. ______________	______________
2. ______________	______________
3. ______________	______________

练习 2

把六个步骤付诸实行

请用以下问题帮助你彻底思考当如何解决你跟青少年子女的冲突。

1. 找出问题所在。

请把目前导致冲突（如果有的话）的主要问题写下来。

-
-
-

2. 找最佳时间与地点。

在什么时间和地点讨论这些事情应该不错？

时间：

地点：

3. 用讨论的，不要攻击。

什么能帮助你们冷静地讨论事情？例如：轮流开口讲话

4. 如果是你弄错了，就道歉。

有没有任何事情是你需要道歉的？

请翻页 ⇨

5. 讨论可能的解决方法。

你和孩子一起讨论过上述事情之后，想出了哪些可能的解决方法？

-
-
-

协议好一个解决方法，然后看成效如何—— 同意在若干天／周之后检讨

6. 保持开放的心胸。

关于那件事有什么地方是你需要坚定立场的？

依你跟青少年子女的讨论结果，你们在哪些地方做了折衷？

练习 3

管理青少年子女的压力

1. 最令你孩子焦虑的是什么事情？

你能如何帮助他们？

2. 当你的青少年子女为某件事感到焦虑时，他们会去哪里？

____

他们为什么会去那里？

____

3. 是否有任何活动可让你的青少年子女卸下无益的压力？

____

____

复习

第一课：记住最终的目的

- 帮助青少年子女迈向成熟与独立
- 我们的家应当成为安全的地方、学习人生重要价值观的地方、好玩的地方，以及学习建立关系的地方
- 营造健康的家庭生活，方式包括：全家一起用餐、家庭时间（一起玩得开心），以及全家去渡假

第二课：满足青少年的需求

- 借由（一对一）时间、肯定的言词、爱的肢体接触、精心的礼物、服务的行动，向我们的青少年孩子表达爱
- 想想每一个青少年子女需要的是哪一种“爱之语”，并常保他们的“情感槽”满盈
- 谨记倾听的重要性

第三课：为青少年立界线

- 逐渐放手
- 从掌控者转成顾问
- 规定越少越好
- 对重要的界线坚定不移，至于其它则愿意跟孩子商量

第四课：培养健康的情绪

- 鼓励孩子以健康的方式表达怒气，而不要用攻击（像犀牛）或压抑（像刺猬）的方式
- 让孩子把负面的情绪说出来
- 借着讨论和寻求解决的方式，给孩子一个化解冲突的榜样
- 帮助孩子管理压力

上集 用更远的眼光来看

导言

- 我们的工作是，帮助孩子装备好面对重大的事情
- 我们需要跟他们谈有关毒品、酒、性、和网路的使用等问题—绝不能因害怕避而不谈
- 我们可以给他们很大的影响，但至终我们并不能控制他们的选择。
- 青少年所面对的压力有：
  - 同侪压力
  - 渴望被接纳
  - 觉得没有安全感
  - 相对主义："只要感觉不错，就去做"
  - 高度性欲化的文化
  - 较之以往，今天的青少年更讲究形象
  - 易于取得毒品、酒和色情图片影像
- 自尊心的建立十分要紧

传递资讯和价值观

- 我们可以给青少年一个更远的眼光，让他们看见什么是对他们和他们的未来最好的
- 帮助他们充分掌握资讯后做选择
- 使他们能建构出一套道德架构，进退应对有所依据
- 我们是孩子做选择时的主要影响者—我们自己也需要充分掌握资讯

1. 毒品

- 了解有关古柯硷、大麻、迷幻药等毒品对于健康（身体与精神）的不良作用，以及吸毒的动机
- 不要给青少年太多钱
- 用平常的方式跟青少年谈毒品的事——间接的方式比直接的指责，容易让青少年坦诚以告。

2. 酒

- 我们需要认定身教的价值，以自己的行为作孩子的榜样
- 要知道多少含量的酒精对成年人的健康是安全的，方得以和孩子作通情达理的讨论
- 要知道法律规定几岁以下饮酒与买酒是违法的
- 拿一张“派对注意事项”跟你的孩子好好地谈（《亲子教育》第12章中有这份清单）

3. 性

- 给青少年自信，能够说“不”
- 经常小谈一下，会比一次刻意地大谈特谈好得多
- 找机会跟孩子谈性这个主题，通过电视节目、电影、青少年杂志上的文章、报纸上的报导等等，都是可以运用的方式
- 我们要先清楚自己对于色情刊物、堕胎、婚前性行为等的看法，才能够跟青少年子女谈我们的期望
- 务必跟青少年子女谈论性传染病的重大影响
- 要给他们一个观念，性是高尚而美好的

4. 上网

- 网上沟通— 和孩子谈当中的机会和危险
- 帮助他们留意贴上网的资料讯息— 跟他们解释一旦放上网路就会一直存在那里，有可能被任何人看到
- 限制他们上网的时间及／或玩电玩的时间，好让他们可以再培养当有的社交技巧
- 安装最新的网站过滤软体，以保护青少年，免得接触到不当的内容
- 最好的过滤软体应是青少年的头脑，如果我们能将做好的选择所需的讯息和价值观先输入他们头脑的话

SMART 安全上网聪明守则

（和你的青少年一起讨论）

S SAFE 安全— 要保持上网的安全就要小心谨慎，把个人资料给出去之前务必考虑是否安全

M MEETING 见面— 和仅在网路上接触的网友见面可能很危险，只有在父母／照顾者的许可并一同前往之下，才能够和网友见面

A ACCEPTING 接收— 接收电子邮件或打开你不认识的人寄来的档案，都可能有危险，其中可能含有电脑病毒或不堪入目的信息

R RELIABLE 可靠— 任何人都可以把任何事情放到网路上，而且别忘了，聊天室的人也会说谎的，不见得真的是他们所说的身分

T TELL 告诉— 告诉你的父母／照顾者或老师，如果某人或某事令你觉得不舒服或令你担忧时

摘自childnet.com版权所有© Childnet International 2002–2011.
蒙允转载

5和10周课程使用

练习

长期的价值观

1. 关于以下四方面，你希望你的青少年子女具备什么长远眼光与价值观？

- 毒品
- 酒
- 性
- 上网

2. 为了给孩子较长远的眼光，你需要把什么资讯传递给他们？有关：

- 毒品
- 酒
- 性
- 上网

找一、两个人讨论你所写的。

10周课程使用

小组讨论

1.在现今的文化下，青少年面对毒品、酒、性和上网这四方面有什么压力？

2. 我们要如何帮助青少年建立一套道德框架，好让他们的行为有所依据？

3. 关于以下四方面，你已经试着传递什么样的资讯、价值观和较长远的眼光给孩子了吗？

- 毒品
- 酒
- 性
- 上网

4. 你订了什么样的界线来帮助青少年子女学习做好的选择？

家庭作业— 完成第70-72页的**练习 1**

下集 预备我们的青少年

如何帮助他们做好的选择

1. 有时间和他们谈话

- 当他们很想讨论正在面对的选择时，请挪出时间跟他们谈

2. 沙盘推演

- 预先教他们一些应对的台词，好让他们感觉别人在施压时，可以用来为自己解围
- 运用角色扮演来帮助他们想象，他们的选择会有什么结果。

3. 向孩子清楚说明原因

- 谈论一些危险的情况，例如：说明坐上喝醉酒的人驾驶的车子会有什么危险
- 告诉他们为什么他们的行为会使他们易受伤害，例如：帮助他们仔细想想如何穿着

4. 要与父母保持联系

- 要告诉你他们人在哪里，如果计画改变也要告诉你

5. 鼓励孩子多活动身体

- 帮助他们找有建设性的、发泄精力的管道
- 鼓励他们发展天分或兴趣

6. 找一些好的榜样

- 非洲谚语："养一个孩子需要全村帮忙"
- 分担一些我们作父母肩上的压力
- 与更广大的家庭培养关系
- 好的青少年团契可促进正面的价值观，并提供同辈间的友谊，这些都是非常宝贵的
- 试着找几位20几岁、可作好榜样的年轻人，让他们参与你们的家庭生活。

7. 创造健康的传统

- 传统和仪式（固定的做法）可帮助孩童对自己的家庭有认同感和归属感
- 家庭的传统有助于凝聚家人感情
- 也让家庭生活更加充满乐趣
- 对于传递我们的价值观也很重要

8. 常常为孩子祷告

- 求神保护他们
- 求神保守他们良心清洁
- 为他们的品行祷告
- 祷告使我们能将自己的心愿与恐惧带到神的面前

结论

- 本课程的每一部分都是为了帮助我们的青少年做好的选择
- 无论什么挑战，别忘了称赞孩子正面的特质
- 永远不要放弃你的孩子，不管怎么样，都要无条件地爱他们

“爱是永不止息。”

圣经

哥林多前书13章8节

5周课程使用

小组讨论

1. 我们可以做什么以打造正面而开放的环境，让青少年子女可以跟我们讨论毒品、酒、性、网路等话题？在何时你们曾有过一次非常好的亲子对谈？

2. 有什么事或是谁，曾大大帮助你的青少年子女做出好的选择？

3. 你们有什么家庭传统或仪式是令青少年子女乐在其中的？

4. 是什么使家有青少年的你能继续努力不放弃？

5. 上这门课以来你所听到的，对你最有帮助的是什么？

家庭作业— 完成第70-73页的**练习1**和**2**

10周课程使用

小组讨论

1. 我们可以做什么以打造正面而开放的环境，让青少年子女可以跟我们讨论毒品、酒、性、网路等话题？在何时你们曾有过一次非常好的亲子对谈？

2. 有什么事或是谁，曾大大帮助你的青少年子女做出好的选择？

3. 你们有什么家庭传统或仪式是令青少年子女乐在其中的？

4. 是什么使家有青少年的你能继续努力不放弃？

5. 上这门课以来你所听到的，对你最有帮助的是什么？

家庭作业— 完成第73页的**练习 2**

家庭作业

练习 1

面对挑战

用以下表格找出你自己倾向的作法，先把不同教养类型的作法都看过后，再填写你目前正面对的挑战。然后请回顾整个课程，试着写出你如何以权柄型的作法面对你的挑战。

挑战	独裁型（严厉）的作法	溺爱／忽略型的作法	权柄型（负责任）的作法
青少年不做功课	念他、惩罚他、强迫他	贿赂他，什么都不做，救火——帮他作功课	表示感兴趣，鼓励青少年尽自己的能力去做，让青少年自己承受不做功课的后果，好让他学习负责任
青少年忤逆父母／不听话	威胁、强迫、命令、反应过度	口头威胁，但从不彻底执行。苦苦哀求，放弃	等双方都冷静下来之后再来讨论。讨论情况。执行后果
青少年“忘记”做家事	发脾气，唠叨，要求马上就去做	自己去把家事做好	平静地执行后果，例如，叫青少年去做一个需要花更多时间的家事
青少年在客人面前对父母无礼	当着客人的面羞辱青少年，小题大作	假装没注意到，求他要改一改行为	客人离开后再谈这事。用“我”怎样的句子来表达感受，例如：“当我们的朋友来我们家的时候，你都不跟他们说话，让我觉得很尴尬。”
青少年打破窗户	大发雷霆，过度反应，骂他“粗手粗脚”、“笨”、“不负责任”	说没关系，自己动手清理并赔钱了事	保持镇静，示范给青少年看如何捡拾碎玻璃而不受伤。让青少年支付修玻璃的钱。跟他谈如何避免再犯

练习 1（接上页）

挑战	独裁型（严厉）的作法	溺爱／忽略型的作法	权柄型（负责任）的作法
青少年打弟弟妹妹	论断，还不知实情如何就怪罪，处罚	不去注意。安抚年纪较小的孩子，叫青少年不可以打弟弟妹妹	若可能，尽量让青少年自己去解决争端。用复述法倾听，例如："你好像很气你的弟弟／妹妹。"必要时，把双方拉开，带到不同房间去
青少年一直不诚实	谴责他，对他吼叫，反讥他	给他找借口，找理由说那并不严重	用"我"怎样的句子来表达你的失望，例如："你……让我失望。"执行后果
青少年醉酒	威胁他、羞辱他、对他像对四岁小孩一样	忽视这事，拿来当笑话讲，没有采取行动	搀扶他上床睡觉，隔天他酒醒后，跟他订个时间好好谈一谈怎么回事
青少年长时间挂在网上	不准他玩电脑，一分钟都不许	心想青少年起码是待在家里，没有去街头混就偷笑了	订时间限制，除非把功课做完，否则不准上网。鼓励他多参与家人和朋友的社交
青少年想跟男友／女友上床	大怒，吼叫，指控他，羞辱他	让青少年做他／她爱做的事。避谈这个主题	跟青少年约时间一起讨论什么背景下的性行为才是正当。谈论上床后又分手的影响
怀疑青少年已染上毒品	谴责青少年，不准他跟朋友出去	把毒品视为应付不了的大难题。希望有一天青少年会停止吸毒	跟青少年讨论吸食毒品的长期影响。运用"化解冲突六原则"来协助青少年抵挡来自同侪团体的压力
青少年不跟人沟通，并且有反社会行为	大怒，严词批评	将任何互动减到最少；停止一起用餐	运用青少年的主要"爱语"来建立关系；保持全家人一起用餐

练习 1（接上页）

挑战	独裁型（严厉）的作法	溺爱／忽略型的作法	权柄型（负责任）的作法
青少年拒绝和全家人一起出遊	坚持他非去不可，威胁他	放弃。青少年想怎样就让他怎样	运用“化解冲突六原则”
自己面对的挑战			
自己面对的挑战			
自己面对的挑战			

以上资料摘自奎因夫妇的《为人父母能做什么？》Michael and Terri Quinn, *What Can a Parent Do?*

练习 2

实践所学

本课程什么内容对你最有帮助、你希望能好好记住?

1. __________________________________

2. __________________________________

3. __________________________________

附录 1

课程嘉宾

我们对现身于DVD，分享亲身经验的父母和孩子表达真挚感谢，以下用粗黑字体表示的名字为主要受访的家庭成员。

Abi
Dayo (19) Dami (14) Timi (7)
Abi 已婚，因丈夫人在国外，目前独自教养儿女

Annie 和 Silas
Jessie (19) Zac (18) **Mo (16)** Minnie (13)
Tallulah (13)

Carol
David (20) **Peter (18)** Anna (16)
Carol 是单亲

Chee-Chow 和 Tim Kee
Joel (22) **Rebekah (18)**

Con 和 Madeleine
Henry (15) **Amelia (12)** Tom (11)
Charlie (7) Johnnie (18 mths)

Dale 和 Ginny
三名成年子女。

Denise 和 Vincent
Daniel (23) Matthew (21)

Elaine 和 Peter
Hilary (27) Patrick (24) **Emma (19)**

Eli 和 Jon
Noelle (15) Jocosa (2)
Eli 曾是单亲，独力养育 Noelle 多年，后来和 Jon结婚，Jocosa 是她和Jon生的孩子。

Eric 和 June
Reanne (13) Sarah (11)

Helen 和 Ken
James (20) Naomi (18) Tom (16) Pip (14)
Joseph (12)
Helen 和 Ken 各自带着前婚姻所生子女共组"混合"家庭，两人一起教养这些孩子。

Jo 和 Tim
Bex (15) Luke (13) Emma (12)

Karen 和 Paul
Liam (23) Christian (21) Hannah (18)

Niyi 和 Oyinkan
Tosin (13) Obafemi (9) Adeolu (6)

Pandora
四名子女皆已成人
Pandora 是单亲

Paul 和 Philomena
Patrick (16) **Emily (15) Johnnie (11) Max (10)**

Pauline 和 Owen
Yasmin (16) Rhianna (14) Daisy (10)

Simon 和 Janet
Matthew (17) Alastair (15) Dominic (12)

Steve 和 Rachel
Lauren (17) Liam (10)
Rachel 是 Lauren 和 Liam 的继母

Weng
Alexander (18) Oliver (16)
Weng 是单亲（共同监护）

附录 2

教养专家

非常感谢以下教养“专家们”慷慨提供意见，并在DVD上现身说法。如欲了解他们的机构和出版品，请看以下连络资讯（注：以下书籍除注明中文版出版社之外，其它书名均为暂译，因无中文版。）

哈利・班森（Harry Benson）— 布里斯托小区家庭信托基金会（Bristol Community Family Trust）创办人；投入家庭政策、研究与关系课程多年；著有《让我们粘在一起：新手父母关系簿》（*Let's Stick Together: The Relationship Book For New Parents*）。网址：**bcft.co.uk**

陆欣妲・费尔（Lucinda Fell）— 国际儿童网（Childnet International）的政策与沟通主任，国际儿童网是非营利组织，旨在协助使网际网路成为对儿童青少年的一个安全又好玩的地方。如欲取得儿童网的广大资源，以支援父母和照顾者，请上官网：**childnet.com** 与 **digizen.org** 。

葛妮丝・顾德（Glynis Good）— 夫妻与家庭关系咨询师，定居于爱尔兰的都伯林，尤其关注支持年轻人渡过父母分开的冲击和难关；著有《当父母离婚：给青少年的支持、资讯和鼓励》（*When Parents SPLIT: Support, information and encour-agement for teenagers*）。网址：**whenparentssplit.com**

提摩希・姜斯（Timothy Johns）— 山楂学校校长（Headmaster, The Hawthorns School, 校址：Bletchingly, Surrey RH1 4QJ），一所提供2至13岁儿童的学校（男女兼收、不供住宿的私立学校）。

茱莉・姜森（Julie Johnson）— PSHE 顾问暨培训师；在英国伦敦地区和各地举办亲职工作坊；儿童与青少年家庭咨询师；人类天赋资源治疗师（Human Givens therapist）；专门处理有关成长和青春期问题、霸凌、失去和改变，包括失亲和父母离婚；著有《生气》（*Being Angry*）、《霸凌与帮派》（*Bullies and Gangs*）（这两本书皆属于给5至10岁儿童的〈想法和感觉〉系列，出版社：Franklin Watts）以及《我对我的继亲家庭感觉如何》（*How Do I Feel About My Stepfamily*）。电邮地址：**julie.johnson@virgin.net**

罗伯·帕森斯（Rob Parsons）—"关怀家庭"机构（Care for the Family）主席暨创办人；著有《60分钟父亲》（*The Sixty Minute Father*）与《青少年：每个父母不可不知的事》（*Teenagers! What Every Parent Has to Know*）等多本亲职教养好书；常应邀至各国以家庭生活、企业为主题演讲。如欲获得家庭生活各领域的相关资源与支援，请上官网：**careforthefamily.org.uk**

艾立克·西格玛博士（Dr Aric Sigman）—心理学家；生物学家； 广播节目主持人；商业演讲人；著有：《被摇控器控制的人生》（*Remotely Controlled: How television is damaging our lives*）、《爱孩子，就是要管教！—帮助孩子走向自律的12个爱的管教》（*The Spoilt Generation: Why restoring authority will make our children and society happier*。中文版台北：新手父母出版社），以及《饮酒之国：在今日的饮酒文化下如何保护我们的孩子》（*Alcohol Nation: How to protect our children from today's drinking culture*）。网址：**aricsigman.com**

派蒂·斯普菁博士（Dr Pat Spungin）—儿童心理学家与家庭生活专家；著有《平安夜》（*Silent Nights*）、《海恩斯青少年手册：父母实用指南》（*The Haynes Teenager Manual: The practical guide for all parents*）、《给父母的手足教养指南》（*The Parentalk Guide to Brothers and Sisters*）（与维多莉亚·理察森Victoria Richardson合著），以及《了解你的家人》（*Understand Your Family*）（顾问编辑）。网址：**drpatspungin.co.uk**

附录 3

推荐阅读

本课程书籍：

《亲子教育（暂译）》（*The Parenting Book*）
李力奇及希拉夫妇着（启发国际，2009）
by Nicky & Sila Lee (Alpha International, 2009)

其它书籍（按作者英文姓氏顺序）：

（注：以下书籍除注明中文版出版社之外，其它书名均为暂译，因无中文版。）

如何真正爱你十几岁的孩子（*How to Really Love Your Teenager*）
罗斯·甘伯医师（台北：橄榄出版社）
by Ross Campbell, M.D. (Victor Books, 1993)

愤怒，爱的另一面（*Anger: Handling a Powerful Emotion in a Healthy Way*）
盖瑞·巧门著（北京：世界知识出版社）
by Gary Chapman (Northfield Publishing, 2007)

爱语秘笈——与新一代沟通5式（*The Five Love Languages of Teenagers: The Secret to Loving Teens Effectively*）
盖瑞·巧门著（香港：证主图书中心）
by Gary Chapman (Northfield Publishing, 1997)

当父母离婚：给青少年的支持、资讯和鼓励（*When Parents SPLIT: Support, information and encouragement for teenagers*）
葛妮丝·顾德 著
by Glynis Good (Blackhall Publishing, 2008)

我的身体是神奇妙的设计（*What is God's Design for My Body?*）
苏珊·霍纳 著
by Susan Horner (Moody Publishers, 2004)

婚姻书（*The Marriage Book*）
李力奇、李希拉合著（启发国际，2009）
by Nicky & Sila Lee (Alpha International, 2000)

60分钟父亲（The Sixty Minute Father）
罗伯·帕森斯 著
by Rob Parsons (Hodder & Stoughton, 1995)

60分钟家庭（*The Sixty Minute Family*）
罗伯·帕森斯 著
by Rob Parsons (Lion, 2010)

青少年：每个父母不可不知的事（*Teenagers! What Every Parent Has to Know*）
罗伯·帕森斯 著
by Rob Parsons (Hodder & Stoughton, 2009)

酷爸酷妈（*Almost Cool: You Can Figure Out How to Parent Your Teen*）
提姆·史密斯 著
by Tim Smith (Moody Publishers, 1997)

新世纪版青少年圣经（*New Century Version Youth Bible*）
(Authentic Media, 2007)

relationshipcentral.org

如果你有兴趣更多了解有关儿童亲子教育课程或
青少年亲子教育课程，上课地点，或如何开设课程，
请连络：

如果你有兴趣了解有关基督信仰的事，并希望能与你附近
举办启发课程的地点连系，亦请先连络

启发课程办公室

我们会为你详尽说明与安排联系

李力奇与李希拉合著

《亲子教育》（暂译）

'Provides real insight into how to be a good parent'
Bear Grylls

NICKY & SILA LEE

Best selling authors of **The Marriage Book**

THE PARENTING BOOK

订购请至：**alphashop.org**

ISBN 978 1 905887 36 1

Price £7.99

李力奇与李希拉合著

《婚姻书》

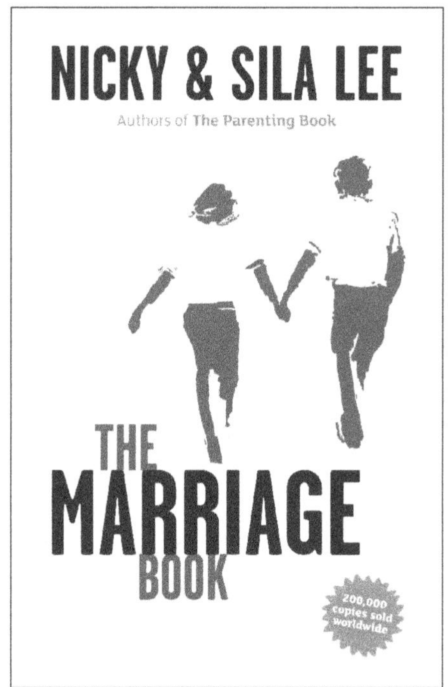

订购请至：alphashop.org

ISBN 978 1 905887 36 1

Price £7.99

www.ingramcontent.com/pod-product-compliance
Lightning Source LLC
LaVergne TN
LVHW021943220826
846092LV00010B/1218

* 9 7 8 9 8 1 0 7 5 9 3 0 8 *